AF260158

L'ÉMIGRATION DES FEMMES

AUX COLONIES

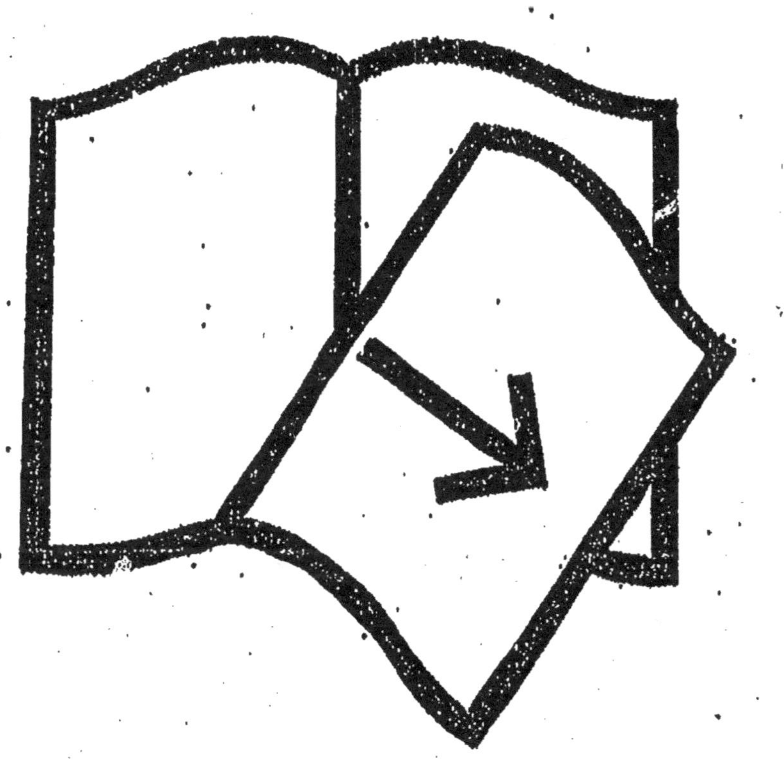

Couverture inférieure manquante

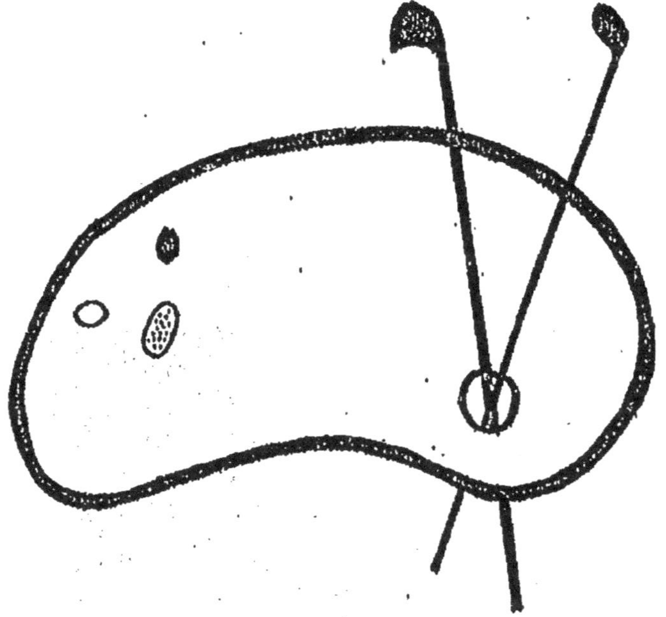

ORIGINAL EN COULEUR
NF Z 43-120-8

L'ÉMIGRATION DES FEMMES

AUX COLONIES

Allocution de M. le COMTE D'HAUSSONVILLE

ET

Discours de M. J. CHAILLEY-BERT

A LA CONFÉRENCE DONNÉE LE 12 JANVIER 1897

PAR L'UNION COLONIALE FRANÇAISE

Paris, 5, rue de Mézières

Colin & Cie, Éditeurs

...res de la Société des Gens de Lettres

Armand COLIN et C⁣ᵢₑ, éditeurs, Paris.

OUVRAGES DU MÊME AUTEUR

La Colonisation de l'Indo-Chine. L'expérience anglaise.
Un volume in-18 jésus, broché. . . . . 4 fr.

La Politique coloniale de la France. L'Age de l'Agriculture. Brochure in-16 (Questions du temps présent)
Prix. . . . . 1 fr.

**La Hollande et les fonctionnaires des Indes Néer-
landaises.** Brochure in-16 (Questions du temps présent)
Prix. . . . . 1 fr.

34761. — Imprimerie LAHURE, rue de Fleurus, 9, à Paris.

L'ÉMIGRATION DES FEMMES

AUX COLONIES

Allocution de M. le COMTE D'HAUSSONVILLE

ET

Discours de M. J. CHAILLEY-BERT

À LA CONFÉRENCE DONNÉE LE 12 JANVIER 1897

PAR L'UNION COLONIALE FRANÇAISE

Paris, 5, rue de Mézières

Armand Colin & Cie, Éditeurs

Libraires de la Société des Gens de Lettres

1897

UNION COLONIALE FRANÇAISE
CONFÉRENCE DU 12 JANVIER 1897

L'ÉMIGRATION DES FEMMES
AUX COLONIES

ALLOCUTION

DE

M. LE COMTE D'HAUSSONVILLE

MESDAMES, MESSIEURS,

En acceptant de présider à cette conférence, j'ai demandé la permission de vous donner moi-même l'explication, et, pour me servir d'un mot plus approprié, l'excuse de ma présence à ce fauteuil où m'entourent tant d'hommes qui y seraient beaucoup mieux à leur place que moi. Tous, en effet, ils sont versés depuis longtemps dans l'étude des questions coloniales, tandis qu'à ces questions, je suis demeuré jusqu'à ce jour complètement étranger, et cela, parce que je ne pouvais m'empêcher de nourrir dans mon esprit récalcitrant quelques objections à l'opportunité d'une politique dont je ne méconnais pas la grandeur, dont je comprends les mirages, mais qui a détourné vers des régions, suivant moi trop éloignées, les yeux, l'imagination et les ressources de la France.

Cette réserve que m'arrache la sincérité une fois faite, il y a deux points sur lesquels je suis pleinement d'accord avec les organisateurs de cette réunion. Le premier, c'est que notre pays est aujourd'hui engagé trop avant dans cette voie pour qu'il lui soit possible de revenir en arrière. Du moment que l'œuvre coloniale a été entreprise, il faut qu'elle réussisse. Il y va non seulement de l'intérêt, mais du bon renom et de l'honneur de la France.

Le second point sur lequel je suis d'accord, c'est que l'œuvre coloniale pour réussir doit être une œuvre nationale. J'entends par là qu'aucun bon citoyen n'en doit demeurer exclu en raison des opinions qu'il professe ou de l'habit qu'il porte, et que sur ces plages lointaines où la patrie absente n'est représentée que par un drapeau, il ne saurait plus être question de ces suscipions ni de ces intolérances qui tendent à faire d'un certain nombre de Français, non pas des émigrés, mais au contraire des proscrits à l'intérieur.

Je sais, Messieurs les membres de l'Union coloniale, que ces idées larges et libérales sont les vôtres, et vous avez voulu en témoigner publiquement en appelant à la Présidence de cette réunion quelqu'un qui n'a pas craint, ces dernières années, de se compromettre par une politique un peu ardente, et qui, pour s'imposer aujourd'hui une certaine réserve, n'a point changé et ne changera jamais de conviction ni d'espérance. C'était là de votre part une pensée délicate et patriotique à laquelle je me serais reproché de ne pas répondre en acceptant avec empressement l'offre dont vous m'avez honoré.

Quant à l'objet même de cette réunion, il suffisait qu'il dût y être question de la condition des femmes pour qu'elle m'intéressât particulièrement. Je n'ai cependant aucun titre à être rangé dans la catégorie de ceux qu'on appelle d'un nom un peu barbare les *féministes*. Je tiens à le déclarer, non parce qu'à ce mot s'attache un certain ridicule, — je redirai en effet assez volontiers le mot si connu de Lacordaire : par la grâce de Dieu, je n'ai aucune peur du ridicule, — mais parce qu'à la cause des femmes, personne n'a fait, suivant moi, autant de mal que les *féministes*, et qu'à cette cause, je prends un grand intérêt. Je ne suis point partisan de ce qu'on appelle un peu pompeusement l'émancipation des femmes, mais je suis partisan de l'amélioration de leur condition sociale, dans la mesure du possible, et il faut reconnaître que cette condition est dure. Elle est dure, parce que si nos mœurs, nos relations, nos manières d'être avec elles sont grâce à Dieu pénétrées de ce que la morale chrétienne est venue ajouter aux traditions de la courtoisie germaine, en revanche notre législation tout entière est demeurée empreinte de l'autorité absolue que le droit romain conférait au père de famille, et que ni la personne, ni les droits, ni les biens de la femme ne sont l'objet d'une protection suffisante. Elle est dure, parce que l'âpreté de la concurrence vitale est cause que les hommes leur disputent de plus en plus les professions qui jusqu'à présent leur étaient réservées, tandis que ces mêmes hommes s'efforcent de leur interdire l'entrée de celles où elles feraient tout aussi bien qu'eux. Enfin, elle est devenue plus dure encore depuis quelques années à cause de la fausse impulsion qui a été donnée à leur éducation.

A force d'entendre vanter les bienfaits de l'instruction, beaucoup d'entre elles se sont figuré

que l'instruction menait à tout et qu'il suffisait
d'un certificat ou d'un brevet pour se tirer d'affaire
dans la vie. Elles se sont ruées aux examens; les
unes y ont échoué, les autres y ont réussi, mais
n'en sont pas beaucoup plus avancées pour cela.
Vous n'ignorez pas en effet qu'il existe, en France,
à l'heure qu'il est, un grand nombre d'institutrices sans élèves, d'employées sans emploi, de
télégraphistes sans télégraphe, de téléphonistes
sans téléphone, qui végètent sans gagne-pain et
qui sont condamnées à d'autant plus dures
misères que leurs rêves avaient été plus ambitieux.
Ce ne sont pas des *déclassées*, le mot serait injuste
et dur. Ce sont des *non-classées*; mais les femmes
non classées sont toujours en péril de devenir des
déclassées.

Or, ceux qui connaissent, comme M. Chailley-
Bert, la situation de nos colonies, affirment que
tandis qu'il y a chez nous, dans certaines professions, pléthore de femmes, il y a au contraire
disette de femmes là-bas. Ils affirment que beaucoup d'entre elles pourraient rencontrer, en
Tunisie, à la Nouvelle-Calédonie, au Tonkin, les
occasions de s'employer qui leur font défaut en
France, et surtout qu'elles auraient la presque
certitude de s'y établir honorablement, c'est-à-
dire, pour parler clair, de se marier. En effet,

d'après ce qui m'a été rapporté, sauf quelques exceptions très honorables, mais trop peu nombreuses, il n'existe quant à présent aux colonies que deux catégories de femmes bien distinctes : les femmes de fonctionnaires, épouses dévouées, admirables, mais qui généralement auraient souhaité de voir leurs maris nommés partout ailleurs, et les divettes de café-concert qui, après avoir échoué d'abord à Paris, puis en province, ont avec trop de succès exporté leur répertoire là-bas. La catégorie intermédiaire, et en particulier celle des jeunes filles à marier, ferait presque totalement défaut.

Il y a bien aussi les congrégations. Il y a ces saintes filles qui vont partout où il y a quelque bien à faire, quelques misères à soulager, et dont la cornette, si bien portée, ne fait pas moins d'honneur à la France par delà les mers que le képi de nos petits soldats. Dieu sait si elles sont utiles là-bas ! Mais si, lorsqu'il s'agit du soin des malades ou de l'éducation des enfants, les sœurs sont admirables, et peut-être irremplaçables, lorsqu'il s'agit du mariage ce n'est plus la même chose, et c'est décidément à des laïques qu'il faut s'adresser. Or, point de mariages, point de familles, et point de familles, point non plus de colonies d'avenir.

Dans ces excellentes maisons pour les jeunes ouvrières qui existent aux États-Unis, des matrones ou des hommes graves, des pasteurs, viennent parfois faire des conférences dont le sujet est celui-ci : *How to get a husband?* Comment se procurer un mari ? Ce n'est pas exclusivement le sujet dont va vous entretenir M. Chailley-Bert, mais il vous parlera certainement du mariage aux colonies, et il aura raison, car le mariage est bien plus encore que l'école, le télégraphe ou le téléphone, la véritable carrière de la femme. Il vous dira tout cela avec une compétence, avec un charme, avec un esprit qui m'ont intéressé, séduit, convaincu, et qui vous intéresseront, vous séduiront, vous convaincront comme moi. Aussi, me hâterais-je de lui céder la parole si je ne voulais la retenir encore un instant pour achever de marquer en quelques mots le caractère assez original de cette réunion.

Je sais, Messieurs, que dans le monde colonial l'Angleterre n'est pas très à la mode. Mais, en matière coloniale, il n'est pas mauvais de lui demander quelques leçons, et votre érudition n'a pas besoin que je lui rappelle la citation classique qui en donne le droit. Il y a quelques années, a paru en Angleterre, sous la signature d'un de ses principaux hommes d'État, un livre dont vous avez tous entendu parler, que beaucoup d'entre vous ont assurément lu et qui était intitulé : *Greater Britain*, l'Angleterre plus grande. Le titre était beau, Messieurs, et plus belle encore la pensée. Je veux la revendiquer pour nous, et disputer cela du moins aux Anglais. La France plus grande : c'est là ce que nous voulons tous, républicains, monarchistes, catholiques, protestants, esprits indifférents à toute croyance religieuse, c'est la pensée commune qui nous a réunis ce soir, c'est le but auquel nous aspirons d'une ardente espérance, et c'est, pardonnez-moi de le dire en passant, une véritable souffrance pour certains hommes de ma génération que les circonstances ne leur permettent pas d'y travailler d'une façon plus efficace. Mais j'ai tort de laisser échapper ce regret. La grandeur de la France est en effet œuvre et chose trop complexes pour qu'il soit donné seulement à quelques privilégiés de la politique d'y contribuer. Chacun de nous, si étroite que soit la sphère où se meut son action, y peut quelque chose par la volonté persévérante et par l'effort soutenu dans l'accomplissement de sa modeste part du grand devoir social.

Vous croyez, Messieurs, d'une foi que j'envie, que l'expansion coloniale peut, je ne dirai pas faire oublier à la France les pertes qu'elle a faites

— pas plus que moi, n'est-ce pas, vous ne voulez que la France oublie, — mais les réparer en partie, et vous y travaillez. Vous avez raison. Vous croyez que pour se développer dans des conditions normales et d'avenir, l'œuvre coloniale a besoin du concours de moralité des femmes. Vous vous proposez d'y travailler : vous avez raison. Vous croyez enfin que ma présence ici ce soir et les quelques paroles que je viens de vous prononcer peuvent servir au succès de votre délicate entreprise. Sur ce point-là seulement, je crains que vous ne vous trompiez. Mais si vous avez encore raison, et si, par là, vous m'avez procuré l'occasion d'apporter ma toute petite pierre à l'édifice de la France plus grande, c'est moi qui suis votre obligé et je vous remercie.

DISCOURS

DE

M. CHAILLEY-BERT

Mesdames, Messieurs,

Les premières paroles qui sortiront de ma bouche doivent être et seront des paroles de gratitude et de remerciement : de remerciement à celles et à ceux qui sont venus ici ce soir, et de gratitude à celui qui m'a fait l'honneur de présider cette conférence, M. le comte d'Haussonville.

Je ne saurais assez dire combien je suis touché du langage qu'il a tenu et de l'attitude qu'il a prise devant vous. M. d'Haussonville était séparé de nous par de telles divergences, il avait dans son héritage de famille des motifs si hauts et si purs, et dans son passé d'homme politique des raisons si graves, qu'il eût pu, en présence de ma requête, se réfugier, je ne dirai pas dans l'indifférence, mais dans l'abstention. Au lieu de cela, il est venu à nous et, de quelques réserves qu'il ait cru devoir accompagner son acceptation, le seul fait qu'il est ici, le seul fait qu'il ait consenti à présider cette conférence implique une sorte d'adhésion au moins à une partie du programme de ceux qui s'intéressent aux affaires coloniales. Cette adhésion nous est infiniment précieuse et m'autorise à dire que cette soirée est une bonne soirée pour les colonies et que les amis de ces colonies en peuvent être satisfaits.

Cette soirée, je voudrais que vous aussi vous en pussiez être satisfaits. La cause que j'ai à défendre est une belle cause, le sujet neuf, l'intérêt social immense; si une ardente conviction et un enthousiasme encore non entamé suffisaient à susciter une belle œuvre oratoire, je vous jure que de cette bouche sortiraient des accents qui vous convaincraient; malheureusement, je n'ai à ma disposition que de la foi, de la volonté et de l'enthousiasme, là où il faudrait de l'autorité et de l'éloquence.

Et, pourtant, non (vous m'en voudriez de me parer à vos yeux d'une modestie hypocrite) : je vous apporte, et l'Union coloniale derrière moi, vous apporte autre chose que sa foi et son enthousiasme; elle vous apporte les résultats de plusieurs années d'expérience. Et, puisque l'annonce de cette conférence, puisque ce sujet l'*Émigration des femmes aux colonies* a paru (au moins la presse nous l'a dit) quelque chose de si anormal, je voudrais vous dire comment nous avons été amenés à nous préoccuper de cette question délicate, quelles étapes nous avons déjà franchies avant d'arriver à celle-ci et quels succès constatés nous donnent aujourd'hui la quasi certitude que nous marchons dans la bonne voie.

I

Les étapes parcourues.

Pour déterminer à quel point exactement nous sommes sur la voie où la France s'est engagée depuis quelque vingt-cinq ans, il est indispensable de jeter un regard en arrière.

Il y a vingt-cinq ans, la France avait un empire colonial presque sans importance. Sans doute, elle possédait l'Algérie, mais l'Algérie est à peine une colonie, c'est un prolongement de la France continentale. De colonies proprement dites, nous avions les deux Antilles, la Réunion, l'Inde, la Guyane, le Sénégal, le Gabon, la Cochinchine. Ce n'était rien, à moins que ce ne fût l'embryon d'un grand empire. Le pays, ou plutôt certains de ses hommes d'État, l'ont compris; ils ont, parfois avec l'assentiment de la nation, le plus souvent contre son gré, et alors que tant d'autres soucis eussent pu les en détourner, hardiment abordé la constitution de ce grand empire, et c'est grâce à eux qu'à l'heure actuelle nous possédons des domaines immenses : l'Indo-Chine, l'Afrique occidentale du Sénégal au Congo, la Tunisie, Madagascar.

Pendant longtemps, pendant vingt années, la politique coloniale a consisté presque uniquement dans la conquête coloniale. Et aujourd'hui il y a bien encore un groupe qui, par « politique coloniale », persiste à n'entendre qu'expansion et prise de possession; mais, pour le plus grand nombre et les plus sages d'entre les coloniaux, ces mots : « politique coloniale » doivent prendre, ont pris un autre sens: ils signifient l'organisation politique et administrative et l'exploitation économique de nos colonies.

Or, dans cette œuvre d'organisation et d'exploitation, chacun est arrivé avec ses idées et avec son système, je dirai même avec sa panacée. Pour l'un, l'élément capital de toute bonne colonisation consiste en de bonnes lois; pour l'autre, en de bons fonctionnaires; pour d'autres encore, en un bon système foncier. Aucun système exclusif n'avait prévalu; aucun même n'avait été sérieusement appliqué, jusqu'au moment où est entrée en scène l'*Union Coloniale française*.

Elle n'a pas nié, assurément, qu'il fallût aux colonies, pour être prospères, de bonnes lois, de bons fonctionnaires, un bon régime foncier; mais, ayant étudié l'histoire de nos colonies d'autrefois et le régime des colonies étrangères, elle a cru pouvoir, au bout de peu temps, affirmer que l'agent principal de toute colonisation, l'agent actif et vivifiant, ce sont les bons colons: ayez de bons colons et ces bons colons vous procureront, par surcroît, tout le reste. Peupler nos colonies de bons colons, telle a donc été la première doctrine et la première formule de l'*Union Coloniale française*.

Après l'avoir émise, elle l'a appliquée. Elle s'est efforcée de trouver des colons et, pour les trouver, elle ne s'est pas contentée de les attendre, elle est allée les chercher là où ils sont : parmi les paysans découragés et effrayés de risquer leurs dernières ressources, parmi les petits bourgeois appauvris par la baisse de l'intérêt, etc.... Elle les a cherchés et elle en a trouvé. Et ce n'a pas été pour elle un mince étonnement, dans un temps où l'on affirmait, gratuitement mais unanimement, que la France n'est pas colonisatrice, de voir, après des efforts de propagande énergiques mais brefs, un courant, encore faible sans doute, mais accusé et incessant, un courant d'émigration se diriger, non plus sur des terres étrangères comme le Mexique, la République Argentine ou le Brésil, les seules dont pendant longtemps nos émigrants eussent connu la route, mais sur des terres françaises : l'Algérie, la Tunisie, le Tonkin, la Nouvelle-Calédonie, en attendant le jour où il va pouvoir se diriger vers Madagascar.

Ainsi, dans un pays où l'on disait qu'il n'y avait pas de colons, l'Union Coloniale a vu rapidement des colons nombreux venir à elle, puis s'installer dans nos colonies et déjà y réussir. Ceux-ci à leur tour en appellent d'autres, et c'est ainsi que se forment déjà sur divers points de petits groupes partis des mêmes régions de la France et qui ont apporté avec eux les qualités et les habitudes de la province natale. C'est ainsi qu'autrefois se sont formés les centres du Canada et de la Louisiane.

C'était là un premier pas : en voici un second.

A peine eut-elle acquis la conviction que l'on pouvait trouver en France quantité suffisante de colons, que l'*Union Coloniale Française* résolut de faire un choix parmi ceux qui s'offraient. Ce choix, il était nécessaire de le faire. Il ne s'agit plus aujourd'hui, en effet, d'envoyer nos compatriotes sous des climats tels que le Canada, où l'Européen s'acclimate aisément et peut travailler de ses mains comme il ferait en France. Nos nouvelles colonies sont situées sous les tropiques, où le travail physique régulier et habituel est, à l'ordinaire, impossible pour l'Européen. Ces colonies, d'ailleurs, sont habitées de tout temps par des populations nombreuses, qui travaillent à vil prix et découragent d'avance la concurrence de l'ouvrier européen. En conséquence, le colon qui, au moins actuellement, convient à ces pays nouveaux, ce n'est pas le modeste travailleur, venant avec ses deux bras et ses outils, c'est l'homme ayant la connaissance des choses de l'agriculture ou d'un métier, disposant de quelques ressources, et qui, au lieu de travailler de ses mains, fera travailler l'indigène, préalablement formé à ses méthodes et discipliné à ses besoins.

Or, de tels colons ne sont point ceux que l'on a pendant longtemps dirigés sur nos colonies. Nos colonies étaient, comme en vertu d'un contrat tacite, réservées aux fruits secs de la métropole, aux hommes qui avaient compromis leur caractère, usé leur énergie, gaspillé leur fortune. L'*Union Coloniale* adopta comme règle absolue de

2

rejeter impitoyablement ces sortes de colons d'avance voués à l'insuccès, et de ne rechercher, de n'assister, de ne patronner que des colons ayant, outre une petite fortune (dont le minimum avait été déterminé pour chaque colonie : 5 000 fr. pour la Nouvelle-Calédonie, 10 à 15 000 francs pour la Tunisie et l'Algérie, 30 000 francs pour l'Annam-Tonkin), une réputation honorable et une énergie encore intacte. Par la presse, par les conférences, par la voix des instituteurs et des curés, elle fit appel à eux et elle les vit venir à elle avec un empressement qui, dans le court espace de 18 mois, lui permit d'envoyer dans la seule Nouvelle-Calédonie plus de 150 familles, disposant chacune du capital minimum exigé, tandis que s'acheminaient sur la Tunisie et déjà sur le Tonkin des convois assez importants d'émigrants, emportant avec eux des ressources suffisantes et constatées.

C'était là un second pas, et décisif cette fois. Il en restait à faire un troisième.

Parmi ces émigrants, nous l'avons dit, beaucoup partaient emmenant leur famille. Toutefois, un certain nombre étaient célibataires. Beaucoup auraient souhaité se marier avant de partir. Et beaucoup, arrivés dans la colonie, nous ont dit combien ils regrettaient de ne pas l'avoir fait et combien de colons, déjà fixés, ils y avaient trouvés qui partageaient leur sentiment. L'*Union coloniale* comprit alors qu'il ne suffisait pas d'envoyer dans nos colonies des hommes et des capitaux, mais qu'il y fallait encore envoyer ce qui constitue la famille, ce qui en est la base : des femmes.

Nous voici donc arrivés au point précis qui va faire l'objet de cette conférence : étant donné que nous possédons des colonies, étant donné que nous avons les colons pour les peupler, étant donné même que ces colons ont des ressources suffisantes à la fois pour vivre et pour entretenir une famille, comment allons-nous constituer dans nos colonies la famille, sans laquelle il n'est pas de colonisation? Tel est le problème que je vais chercher à résoudre devant vous.

II

L'émigration féminine et le peuplement des colonies; intérêt de la métropole, intérêt des colonies.

Ce problème revient à ceci : peupler nos colonies de femmes d'un âge tel qu'elles puissent être pour les colons des auxiliaires de travail et des compagnes de vie.

Le problème intéresse les colonies; mais il intéresse au moins autant la métropole. Voyons-en les deux aspects.

Les conditions de la vie en France ont singulièrement changé depuis quelque douze ou quinze ans. L'esprit de simplicité dans lequel on vivait, l'esprit de modestie et de dépendance dans lequel on élevait les enfants et particulièrement les filles, ont fait place, sur nombre de points, à plus d'apparat, plus de goût pour la dépense, plus de liberté, plus d'initiative. L'une après l'autre, les provinces ont été entamées : aujourd'hui, d'un bout de la France à l'autre, prévalent des modes, des goûts, des habitudes qui imposent des frais croissants à des budgets dont les ressources, au contraire, vont décroissant de jour en jour.

Car, c'est encore une des caractéristiques de ces quinze ou vingt dernières années, que cette réduction des revenus, que cette crise sur l'agriculture, que cette diminution du taux de l'intérêt. Chaque famille a vu, sous l'empire d'une ou de plusieurs de ces causes, disparaître une portion importante de ce qu'elle pouvait consacrer à son entretien ou à l'établissement de ses enfants; les uns le quart, d'autres le tiers, d'autres davantage encore. Ainsi, dans le même temps où des habitudes affinées et la vie plus large entraînaient plus de dépenses, les ressources avec lesquelles on y devait faire face allaient sans cesse s'affaiblissant.

Un des articles qui chargent le plus le budget d'un père de famille est ce qu'on appelle l'établissement des enfants, et, en ce qui concerne les filles : la dot. Notre société, je n'ai pas à vous l'apprendre, est constituée tellement au rebours de ce qui serait naturel et juste, qu'une forte proportion des mariages est déterminée non par l'attrait et l'affection réciproques des futurs époux, mais par des considérations de position et de fortune. Pour se marier, neuf fois sur dix, une fille a besoin d'une dot. Et, le chiffre de cette dot, proport'onné au rang, à l'état des partis, va grossissant en chiffres absolus à mesure que le goût de la dépense augmente, que le prix des choses s'accroît, en un mot qu'avec une même somme d'argent on peut se procurer moins de jouissances ou de nécessités.

Pour mille raisons, les dots qu'exigent maintenant les maris sont de plus en plus considérables, précisément au moment où les parents sont de moins en moins en situation d'en fournir même de modiques. Conséquence : les mariages doivent diminuer,' et, comme depuis des siècles nous n'avons élevé les filles qu'en vue du mariage et ne leur avons ouvert presque aucune autre carrière, il y a en ce moment dans la métropole abondance de filles ayant l'âge et le désir de se marier et qui ne se marient pas et n'occupent pas dans la société la place qu'elles devraient y tenir et qu'elles y tiendraient pour son plus grand profit.

Ce n'est pas tout. Et voici un autre groupe de personnes qui peut nous intéresser. Il y a nombre de jeunes filles qui, de bonne heure, ont eu le sentiment que la vie exigeait d'elles plus d'efforts que des autres, leurs parents n'ayant pas de fortune pour les entretenir dans l'oisiveté. Les unes ont appris des métiers, c'est le plus petit nombre, le travail manuel n'étant pas en honneur parmi nous et sottement entraînant une certaine déchéance; les autres ont travaillé avec leur intelligence, passé des examens, subi des concours et attendent de l'État une situation. Or, l'État, après les avoir encouragées dans cette voie, n'est pas en position de tenir tous ses engagements. Des milliers de jeunes filles, munies de diplômes, lauréates de concours, restent sans place, et, moitié lassitude, moitié ténacité dans l'espoir, ne se décident pas à planter là l'État et ses promesses décevantes et à chercher ailleurs un gagne-pain.

Et voilà encore une autre catégorie de femmes à qui la vie paraît pleine de désillusions et de tristesses, qui encombrent la société métropolitaine et en faussent l'esprit.

Tel est l'aspect des choses dans la métropole; voyons-le maintenant dans les colonies.

En face de ce stock — si l'on me passe cette expression commerciale — en face de ce stock de jeunes filles sans emploi et sans avenir, je vois, par delà les mers, un nombre moins grand, mais encore respectable, de colons, qui, pour d'autres motifs, se plaignent de leur solitude et accusent la destinée. Nous touchons ici à l'autre face du problème.

Le colon est un homme qui, à un certain âge, s'est expatrié uniquement dans le but de faire fortune. Le plus souvent, c'est un célibataire; célibataire il est parti, célibataire il est resté. C'est seulement après plusieurs années, quand il est bien installé et, comme on dit, débrouillé, quand il a jeté les premiers fondements de sa fortune, qu'il sent le besoin d'une compagne. Il cherche, il regarde autour de lui de quel côté cette compagne pourra lui venir. Et le plus souvent, il ne trouve rien. En effet, dans les colonies françaises, quelles qu'elles soient, — sauf, bien entendu, l'Algérie et la Tunisie, — on peut tenir pour à peu près certain qu'il n'y a guère à l'heure actuelle qu'une femme pour cinq, pour six et, dans certaines régions, qu'une femme pour dix hommes. Dans ces conditions, ce qu'on appelle chez nous vie de salon, vie de société, vie de famille, n'existe pour ainsi dire pas aux colonies.

Quelle est donc l'existence du colon? Le colon travaille tout le jour : lorsque le soir arrive, à l'heure où nous autres nous rentrons dans nos familles et y trouvons l'élégance de la vie de société, la douceur de la vie de famille, le colon, lui, n'a d'autre ressource que la vie de cercle et la vie de jeu. Parfois un « ménage » groupe autour de lui un certain nombre de colons : ceux-là sont des heureux de la terre; quant aux autres, tout ce qui fait le charme de la vie, tout ce qui en est la décence et l'ornement, cette existence familiale dans laquelle le cœur tient une si grande place, tout cela n'est pour eux qu'un souvenir et qu'un regret.

Souvenirs et regrets aidant, le colon, après avoir passé trois, quatre, cinq années dans la colonie, s'affermit dans la volonté de se marier, et puisqu'il ne trouve pas à se marier dans la colonie, il prend le parti de se rendre dans la métropole pour en ramener une femme; mais une femme digne de ce nom, qui soit, comme je le disais plus haut, l'auxiliaire de son travail et la compagne de sa vie.

Voilà qui est bien. Malheureusement, les mœurs en France, à l'heure présente, sont telles, que, lorsqu'un colon vient dans la métropole, avec l'intention d'y chercher une femme, il n'en trouve point, — du moins n'en trouve-t-il pas de son monde. Même pour aller habiter une colonie rapprochée, une colonie éminemment salubre, il ne peut, à moins d'une chance improbable, espérer de rencontrer une fille de son milieu, de sa valeur sociale et morale. Il ressemble, sur le marché matrimonial, à ces jeunes personnes qu'offrent les agences; il est qualifié : « avec tache »; en conséquence, on ne le prend qu'au-dessous du pair. Tous, tant que nous sommes, nous qui nous occupons de colonisation, et enregistrons ce qui se dit et se fait sur ce domaine, nous avons entendu parler de jeunes gens honorables, instruits et travailleurs, ayant une certaine fortune, pouvant offrir à une femme une existence décente, et qui ont mis des années à en trouver une de leur monde qui consente à partager leur destinée

III

Divers procédés employés pour procurer des femmes aux colons.

Cet état de choses, au surplus, n'est pas nouveau ni spécial à notre pays. De tout temps, colons et gouvernements se sont heurtés à cette difficulté. Il peut n'être pas inutile de rechercher comment ils ont cherché à la résoudre.

Et d'abord, chez nous-mêmes, en France, sous l'Ancien Régime.

Ce n'est peut-être pas exactement le lieu, mais je considère comme équitable de rappeler ici que la politique coloniale de l'ancien régime a été, à plus d'un égard, un chef-d'œuvre d'ingéniosité et d'habileté.

Nos rois, Louis XIII, Louis XIV et jusqu'à Louis XV, nos rois, et surtout leurs ministres : Richelieu, Colbert, Choiseul, non seulement ont su conduire cette grande politique coloniale, qui nous a valu un magnifique empire, à côté duquel celui que nous possédons aujourd'hui est bien peu de chose, et qui n'a été perdu plus tard que parce que la France n'a su ni mener de front la politique continentale et la politique coloniale, ni choisir entre les deux, mais, après avoir conquis, ils ont su organiser et peupler. Et pour organiser, pour peupler, pour attirer les colons au Canada, à la Louisiane et ailleurs, les procédés d'un Colbert, par exemple, sont des merveilles d'ingéniosité basées sur la plus fine psychologie, et que nous ferions bien de copier en les adaptant aux conditions de notre temps.

Pas plus que nous, l'Ancien Régime ne se souciait, surtout au temps de Louis XIV, d'attirer dans ses colonies les meurt-de-faim et les déclassés. Il voulait fonder des Nouvelle-France, et entendait y constituer une société identique à celle de la mère patrie. Donc, c'est parmi toutes les classes de la société française qu'il comptait recruter ses émigrants. Et pour les décider, le procédé qu'il employait peut se ramener à ceci : offrir et donner à chacune des classes qu'il conviait à s'établir aux colonies exactement le bien, l'avantage que cette classe pouvait ambitionner. Ainsi, pour attirer les marchands, on leur promettait des monopoles ; pour attirer les cultivateurs, on leur promettait des terres ; pour attirer la noblesse, on lui promettait le système féodal, avec les privilèges qui y étaient attachés ; on la garantissait, en outre, si elle se livrait à des opérations de commerce, contre les conséquences de ce qu'on appelait alors « déroger », etc., etc.

Comme nous aussi, l'Ancien Régime se préoccupait de développer la vie de famille. Pour plus d'une raison, il redoutait les colons célibataires; il cherchait donc surtout à faire émigrer des gens mariés, et quant aux célibataires, il s'efforçait de les marier avant de les laisser partir. Comment donc s'y prenait-il?

Il recourait d'abord à de grandes prédications par l'intermédiaire du clergé : tous les dimanches, à la messe du prône, le curé dans sa chaire annonçait qu'à telle époque, dans tel port : Nantes, Rochefort, Bordeaux, aurait lieu un départ de colons. Il ajoutait que les personnes qui voudraient s'y associer devraient faire connaître à l'avance leur décision. Il insinuait qu'on préférait les hommes mariés et qu'en conséquence les célibataires qui, avant de partir, voudraient se marier, seraient, de par la volonté du roi et en vertu d'une abrogation temporaire des lois existantes, dispensés de presque toutes les formalités qui auraient pu retarder le mariage : bans, témoins, consentement des parents.

Ces facilités inusitées avaient quelquefois leurs inconvénients. Par exemple, dans un livre d'un nommé Pitou, intitulé *Voyages à la Guyane* et écrit lors de la grande et désastreuse expédition de 1767, je rencontre précisément sur le sujet qui nous occupe un curieux passage que je vous demande la permission de vous lire :

« Un homme entre deux âges, marié ou non, vend son bien, arrive à Rochefort pour s'embarquer et veut choisir une compagne de voyage. Il rôde dans la ville en attendant que le bâtiment mette à la voile.

« A onze heures, une jeune cuisinière vient remplir sa cruche à la fontaine de l'hôpital ; notre homme la lorgne, l'aborde, lui fait une déclaration : « Ma fille, vous êtes aimable, vous me plaisez, « nous ne nous connaissons ni l'un ni l'autre, « mais ça ne fait rien. J'ai quelque argent, je pars « pour Cayenne, venez avec moi, je ferai votre « bonheur. » Il lui détaille les avantages promis et se résume ainsi : « Donnez-moi la main, nous « vivrons ensemble. — Mais, monsieur, je veux me « marier. — Qu'à cela ne tienne, venez. — Je le « voudrais bien, monsieur, mais mon maître va « m'attendre. — Eh bien, ma fille, mettez là votre « cruche et entrons dans la première église. Vous « savez que nous n'avons pas besoin de bans, les « prêtres ont ordre de marier au plus vite tous « ceux qui se présentent pour l'établissement de « Cayenne. » Ils vont à Saint-Louis, un des vicaires achevait la messe de onze heures ; les futurs se prennent par la main, marchent au sanctuaire, donnent leurs noms au prêtre, sont mariés à l'issue de la messe et s'en retournent faire leurs dispositions pour le voyage. »

Ceci est le récit d'un fantaisiste et peut-être même d'un adversaire des entreprises coloniales, et l'on peut soupçonner qu'il y a là quelque exagération; mais, par des documents plus sérieux que celui-ci, nous savons effectivement que l'Ancien Régime, ayant intérêt à avoir dans ses colonies des hommes mariés, mariait les émigrants célibataires au port d'embarquement de la façon la plus expéditive.

L'Ancien Régime plus tard eut encore moins de scrupules et recourut à un autre procédé pour faire passer des femmes aux colonies : c'est celui qu'a décrit l'abbé Prévost dans *Manon Lescaut*. Vous vous rappelez le spectacle qui ouvre le roman : « Je m'arrêtai, dit le personnage qui va conter l'histoire, je m'arrêtai un moment pour m'informer d'où venait le tumulte.... Enfin, un archer ayant paru à la porte, je le priai de m'apprendre le sujet de ce désordre. « — Ce n'est rien, monsieur, me dit-il, c'est une douzaine de filles de joie que je conduis avec mes compagnons, jusqu'au Havre de Grâce où nous les ferons embarquer pour l'Amérique. Il y en a de jolies.... » Et plus loin, des Grieux, l'amant irrassasié de Manon, nous donne plus de détails : « Ils allèrent ensemble, je dis les deux pères, chez M. le lieutenant général de la police, auquel ils demandèrent deux grâces : l'une de me faire sortir du Châtelet, l'autre d'enfermer Manon pour la suite de ses jours ou de l'envoyer en Amérique. On commençait dans le même temps à embarquer quantité de gens sans aveu pour le Mississipi. M. le lieutenant général de la police leur donna sa parole de faire partir Manon par le premier vaisseau. Ce qui fut fait. » Et qu'advient-il de ces transportées ? Des Grieux nous l'apprend encore : « Nous fûmes d'abord présentés à lui (au gouverneur). Il considéra l'une après l'autre toutes les filles qui étaient arrivées par le vaisseau. Elles étaient au nombre de trente, car nous en avions trouvé au Havre une autre bande qui s'était jointe à la nôtre. Le gouverneur, les ayant examinées, fit appeler plusieurs jeunes gens de la ville qui languissaient dans l'attente d'une épouse. Il donna les plus jolies aux principaux et le reste fut tiré au sort. » Tel est l'un des procédés par lesquels on peuplait les colonies françaises.

Ce procédé, au reste, était vieux comme le monde et pratiqué, non seulement par les Français, mais par les Anglais et les Hollandais. On l'employait faute de mieux et l'on ne se faisait pas faute de le critiquer. Vous vous rappelez peut-être, dans Shakespeare, un passage fameux de *la Tempête* dans le rôle du prince de Gonzalve : « Si j'avais, dit-il, la colonisation de cette île, si j'en étais le roi, savez-vous ce que je ferais?.... Je ferais au rebours de toutes choses. » Et l'une des choses qu'il ferait *au rebours* de ce qui se fait, est notamment le peuplement de l'île : « Aucune espèce de trafic, dit-il, ni richesse, ni pauvreté, nulle occupation; tous les hommes seraient fainéants, et les femmes aussi, mais elles *innocentes* et *pures....* » Ce passage, appuyé d'ailleurs sur maint autre texte, jette un jour sur la manière dont on peuplait alors les colonies anglaises.

Eh bien, nous Français, au point de notre évolution coloniale où nous sommes arrivés, nous nous heurtons encore à la difficulté qui arrêtait l'Ancien Régime et les Anglais. Nous avons des colonies, nous voulons les peupler, nous prétendons y établir des familles qui feront souche, nous avons des hommes sous la main : où trouverons-nous les femmes? Et comment de ces hommes et de ces femmes, séparés et isolés, constituerons-nous des ménages et des familles? Les procédés de l'Ancien Régime, ni celui qui consistait à marier nos colons, en abrégeant toutes les formalités et en supprimant toutes garanties, ni celui qui consistait à transporter des jeunes personnes dont le moins qu'on puisse dire, c'est qu'on redoutait d'en savoir trop long sur elles, aucun de ces procédés ne peut nous convenir. Quel est donc le procédé auquel nous allons recourir?

IV

Un procédé nouveau.
Une société d'émigration féminine aux colonies.

Ce procédé sera, disons-le tout de suite, la fondation d'une société d'émigration des femmes. Ceci dit, il reste à en décrire rapidement l'esprit et le fonctionnement.

A parler franc, ce qu'il s'agit d'organiser, nous le confessons à la fois sans crainte que cela nous expose au ridicule ou gêne notre action, ce qu'il s'agit d'organiser, c'est une sorte d'agence matrimoniale; seulement cette agence doit revêtir certains déguisements qui feront des jeunes personnes qui recourront à elle des complices inconscientes de notre but.

Mais, pour prévenir toute confusion, disons avec la dernière netteté ce que nous entendons par là.

Loin de nous la pensée d'attirer sur le domaine de notre Société des jeunes femmes ou jeunes filles en quête de maris. Une jeune fille qui se présenterait à nous en avouant hautement qu'elle ne veut aller aux colonies que pour trouver un mari, celle-là n'aurait pas à compter sur notre coopération. Elle se mariera si elle peut, mais nous n'y prêterons pas les mains.

Qu'est-ce donc que nous nous proposons et quelle catégorie de femmes voulons-nous assister? Nous nous proposons de procurer dans les colonies une situation à celles qui, sans faute de leur part, n'ont pu s'en faire une dans la métropole. Nous exigerons qu'elles soient qualifiées pour mériter cette situation, nous prendrons des précautions pour qu'après avoir accepté de l'occuper, elles l'occupent effectivement et durant le temps convenu. Mais, sachant la condition particulière de nos colonies à cet égard, sachant que les colons y sont trop souvent des célibataires qui ambitionnent de se marier et de devenir chefs de famille, nous nous efforcerons que les candidates aux positions dont il s'agit soient en même temps telles, par le caractère, les aptitudes, l'allure générale, la tenue, le physique, qu'elles puissent constituer pour les meilleurs d'entre nos colons des épouses possibles et même des épouses désirables. Nous leur procurerons des situations, voilà notre rôle à nous, notre rôle de premier plan ; par surcroît, nous leur offrons la chance de rencontrer un mari ; mais ici ce n'est plus nous qui sommes au premier plan, c'est elles, qui devront gagner leur avenir et conquérir leur bonheur par leur tenue et leurs qualités. Donc, en principe, la position première procurée par nous ; éventuellement et par surcroît, le mari gagné par elles.

Comment arriver à cela ? Autant que nous sachions — d'après l'étude si consciencieuse qu'a faite mon collaborateur M. Godefroy, secrétaire général désigné de cette Société future — en organisant quelque chose de comparable à ce qui depuis quelques années à été fondé et fonctionne en Angleterre.

En Angleterre, on a institué des sociétés d'émigration féminine. Comme la Société que nous voulons fonder, ces sociétés anglaises contribuent à rendre le mariage plus fréquent dans les colonies ; mais, comme la nôtre, elles ne voient dans le mariage qu'un résultat secondaire. Dans les statuts de ces sociétés et dans les prospectus qui les accompagnent, il est dit catégoriquement que jamais on ne consentira à faire émigrer aux colonies une jeune personne qui déclarerait qu'elle n'y veut aller que pour s'y marier. C'est en effet une bien mauvaise condition pour trouver un mari, que d'afficher la prétention d'en chercher un avant tout et tout de suite. Tout au contraire, le procédé de ces sociétés consiste à envoyer dans les colonies des jeunes femmes (jeunes femmes, dans cette société anglaise, cela comprend les personnes qui ont entre 18 et 40 ans) qui occuperont certaines positions et qui, tout en occupant ces positions, vivront de la vie des colons, se mêleront à la population, si bien que les colons, les ayant peu à peu connues et appréciées, les considéreront comme des épouses possibles et même probables. Tel est le procédé des sociétés anglaises d'émigration féminine ; tel sera le nôtre.

Cela, c'est le principe ; passons maintenant à l'application.

Ici encore, nous aurons à nous inspirer des Anglais ; mais avec beaucoup de circonspection. Il est tels de leurs procédés qui nous sont absolument interdits.

Ainsi les colonies anglaises, notamment dans certaines parties de l'Australie, du Cap, du Canada, ont besoin d'un assez grand nombre de personnes pouvant, par exemple, diriger l'intérieur d'une ferme. Pour ce besoin spécial, les

Anglais ont recours à un procédé de peuplement qui est celui-ci : de tous les points de l'Angleterre, on fait venir des jeunes filles appartenant au monde de l'agriculture ; on leur fait des offres qui sont de nature à les tenter ; on les rassemble à Londres, on les réunit dans des hôtels exclusivement affectés à leur usage, puis on les dirige sur le port d'embarquement. Un bateau les attend, on les y embarque au nombre de 80, 100, 150, accompagnées par une ou plusieurs matrones, femmes d'âge et de responsabilité, on les conduit jusque dans la colonie et, même là, jusqu'à l'endroit où elles doivent trouver l'emploi promis. Enfin, on ne les perd de vue qu'au bout d'un an, dix-huit mois, quand elles sont définitivement installées dans la situation, objet de leur voyage. Au bout d'un certain temps, presque toutes se marient, et la société a atteint le double objet qu'elle se proposait : procurer aux jeunes femmes de la métropole une situation, et aux colons des épouses.

Je me hâte de le dire, je ne crois pas que ce système aurait dans nos pays grande chance de réussir ; voici pourquoi. D'abord, il paraîtrait peut-être ridicule de rassembler sur un point déterminé 100, 150, 200 femmes pour les former en une espèce de bataillon sacré et les placer sous la conduite de femmes d'âge mûr et de moralité sévère. Mais cette première raison n'a pas grand poids. Une autre, plus sérieuse, c'est que, pour commencer du moins, nous n'avons pas, dans nos colonies, besoin d'un grand nombre de femmes, et qu'il n'y aura pas, de longtemps, lieu de les former en bataillon, ni même en compagnie, ni peut-être même en section. En réalité, le nombre de jeunes filles à envoyer utilement dans les colonies durant les' premières années se monterait à quelques dizaines au plus, au grand maximum à une centaine ; et, pour recruter ces quelques dizaines de jeunes femmes, le meilleur moyen — et de beaucoup — serait la recherche individuelle par les soins de cette « Société d'émigration féminine » dont j'ai à vous parler maintenant avec quelques détails.

Notre Société d'émigration ferait au début, — je puis même dire fera, car notre décision est arrêtée et nous pouvons considérer la Société comme fondée[1], — cette Société aura tout d'abord à faire quelque réclame par la voie de la presse et l'envoi de circulaires répandues dans toute la France. Mais encore cela n'est pas assuré : car nous n'avons pas à créer un courant d'opinion, mais plu-

1. Elle fonctionne dès à présent ; elle a son siège à l'*Union Coloniale française*, 56, rue de Provence.

tôt à répondre à un besoin existant. Au bout de peu de temps, elle recevra des demandes'; ce ne seront pas les candidates qui manqueront : il y en aura abondance et surabondance.

Le jour où ces demandes arriveront, quelle sera l'attitude de la Société? Évidemment elle devra faire une enquête sur la jeune fille et sur les motifs et les intentions qui la poussent à aller dans les colonies. Ici encore nous avons les précédents des Anglais. Quand une femme s'adresse à la société d'émigration anglaise, immédiatement on lui envoie un imprimé (qu'elle doit remplir) dans lequel on lui pose un certain nombre de questions si bien calculées qu'il est impossible que les réponses ne donnent pas des jours certains sur la situation et la valeur de la candidate.

La jeune fille répond à toutes ces questions : si elle a menti, elle est perdue, cela se saura infailliblement. En revanche, si elle a dit la vérité, on a, par ce moyen, sur ses talents, ses aptitudes, son caractère, sa moralité, sa santé, des renseignements complets et qui permettent d'agir en sa faveur avec confiance et efficacité. On lui a demandé, par exemple, son nom, son adresse, la date de sa naissance, le nom, le domicile de ses parents, son degré d'éducation, la nature et le lieu de ses occupations actuelles, le nom des personnes sous qui elle a étudié, chez qui elle a été employée, ce qu'elle a l'intention de faire dans les colonies, le lieu où elle désire aller, etc. Il y a comme cela une trentaine de questions. La Société, une fois munie de ces renseignements, s'adresse, afin de les contrôler, aux comités qu'elle a organisés dans chaque région. Elle est alors parfaitement en mesure d'intervenir ou de se refuser à intervenir.

Nous aurons, nous aussi, à l'exemple de ces sociétés, à constituer d'abord dans les départements d'où l'on émigre le plus, et plus tard dans tous nos départements, des comités d'enquête ou d'investigation composés de personnes sûres, dont l'opinion sera pour nous d'un grand poids.

L'enquête faite, ou bien la demande est rejetée ou bien elle est admise en principe; si elle est admise, nouvelles formalités, plus précises cette fois. On demande à la jeune fille de qui émane la demande, de produire :

1° Un certificat d'un docteur, constatant qu'elle est en bonne santé.

2° Un certificat de la personne qui a dirigé son éducation, constatant non pas qu'elle a fait de bonnes études, mais qu'elle jouit d'une bonne réputation.

3° Un certificat de ceux qui l'ont employée,

constatant qu'elle a été chez eux pendant un certain temps et qu'elle a servi d'une façon satisfaisante.

Les Anglais y ajoutent encore un certificat du magistrat et un autre du pasteur. Évidemment, tout cela peut paraître assez compliqué. Et parmi ceux qui m'écoutent, beaucoup penseront peut-être qu'avec une réglementation aussi stricte nous découragerons plus d'une bonne volonté. Cette objection, si elle se produisait, n'aurait à nos yeux que peu de valeur.

D'abord, parce que je suis convaincu que nous aurons cinquante fois plus de demandes que de situations à accorder, et que cela nous donne le droit et même nous impose le devoir de choisir. Ensuite, parce qu'il se pose ici une question, qu'on retrouve sur bien d'autres domaines, en morale, en législation, etc., et qui peut se formuler ainsi : doit-on abaisser les difficultés et les règles pour que les hommes les trouvent plus bienveillantes? ou, au contraire, doit-on les faire de plus en plus strictes pour qu'ils haussent leurs efforts jusqu'à elles? Quant à moi, je ne doute pas que les hommes ne proportionnent leurs efforts à ce qu'on exige d'eux; plus ils attachent de prix à un résultat, plus ils s'efforcent de s'en rendre dignes. Ce n'est pas par des facilités qu'on détermine les vocations et c'est par les obstacles qu'on les éprouve.

Enfin, dernier argument, j'ajoute que le problème qui nous occupe a deux aspects; le premier est celui-ci : donner toutes garanties aux colons à qui nous adresserons ces jeunes filles. Nous examinerons plus tard le second : procurer toutes garanties aux jeunes filles que nous ferons émigrer. Il est bien évident que notre sévérité ici aura pour contre-partie notre sévérité là-bas.

Grâce à ces enquêtes, à ces contrôles, à ces certificats, la Société sera édifiée sur les antécédents, le caractère, la réputation, les talents, la santé de la postulante; mais il reste un point sur lequel elle ne le sera pas : c'est sur son physique. Or, il est indispensable qu'elle le soit; il y a là une nécessité absolue et qui tient justement à ce que je vous disais, il y a un instant, de l'humeur des colons.

Dans la société où nous vivons, le mariage est si fréquemment une affaire, l'homme qui se marie fait si souvent un contrat d'association dans lequel l'argent joue le premier rôle, que l'on voit ordinairement les parents, les amis, même le futur mari, s'inquiéter assez peu du physique de la fiancée. On dit couramment chez nous : « Fait-il un beau mariage? »; et si quelqu'un s'avise de demander : « Est-elle jolie? » soyez assuré qu'auparavant il aura demandé : « Est-elle riche? » Nous parlons volontiers, comme Molière, des beaux yeux de la cassette.

Dans nos colonies, disons-le à leur gloire, il n'en va pas ainsi : le colon, homme qui, cependant, par définition, est allé aux colonies pour faire fortune, s'élève, chose rare, à un certain désintéressement. Sans doute, pas plus qu'un métropolitain, il ne répugnerait à épouser quelque riche héritière; mais comme il sait qu'à peu d'exceptions près les riches héritières ne seront pas pour lui, il retourne ses prétentions d'un autre côté; il veut, n'ayant à choisir qu'entre des filles de condition humble ou modeste, en choisir au moins une qui soit d'un physique agréable. Ne vous récriez pas. C'est là une exigence bien naturelle; ce qui n'est pas naturel, c'est que cette exigence ne nous paraisse plus naturelle.

On peut donc affirmer qu'une fois aux colonies, toute jeune fille d'une tenue décente, pouvant raisonnablement être épousée, est presque assurée de l'être, si elle a d'ailleurs un physique agréable.

En conséquence, dans le dossier individuel que nous constituerons pour chaque candidate, à côté des certificats constatant sa moralité, ses apti-

tudes, son caractère, nous mettrons sa photo-
graphie.

Dès lors, avec tous ces éléments d'information,
nous serons à même de fonctionner efficacement,
au moins en France. Car, j'ai omis de le dire, nous
aurons deux champs distincts d'opérations : la
France et les colonies. Pour les colonies, j'y vais
arriver; pour la France, je puis m'expliquer dès
à présent.

Très souvent — et nous avons une foule de
lettres qui l'attestent — des jeunes gens nous
disent : « Voici que je pars (ou plus souvent, que
je retourne) aux colonies; j'y ai déjà résidé trois,
quatre, cinq années. Je serais bien aise, avant
de partir, de me marier; si je connaissais quelque
jeune fille!... » Et ce vœu ressemble presque à
une question. A l'heure actuelle, nous répondons :
« Nous, non plus, nous n'en connaissons pas ».
Désormais, avec l'aide de notre Société, nous
pourrons répondre : « Mais parfaitement, regar-
dez... », et nous leur montrerons nos dossiers; ils
examineront, ils étudieront; nous ne leur garan-
tirons rien; nous ne sommes que le poteau in-
dicateur, nous disons : « Marchez dans telle direction, à vous de ne point vous égarer. » Mais pensez-vous qu'avec nos enquêtes préliminaires, et

la leur propre, si elle confirme les nôtres, pensez-vous que ce mariage ne se fera pas dans des conditions acceptables? Et ne sera-t-il pas entouré d'autant de garanties que la plupart des mariages que l'on contracte dans notre pays?

Car qu'est-ce donc, par exemple, que cette cérémonie préliminaire que l'on appelle les « fiançailles »? Quelles garanties apporte-t-elle donc? Oh! si c'étaient les longues fiançailles de jadis, ou encore ces fiançailles des pays anglo-saxons (dont cependant les Anglais eux-mêmes disent, ont dit précisément cette année beaucoup de mal) encore en retirerait-on quelque sécurité. Mais les nôtres, fiançailles de six semaines, fiançailles de trois mois, après six semaines ou trois mois de relations sommaires, qu'impliquent-elles? que supposent-elles chez les fiancés? Ceci seulement : la volonté d'attendre quelque temps, dans l'espoir de se connaître un peu. Est-ce qu'en réalité elles leur permettent de se connaître? En rien. A partir du jour où ils ont dit qu'ils entendaient s'étudier, ils commencent à avoir mutuellement les yeux fermés; ou plutôt ils jouent au jeu bien connu du boulet et de la cuirasse « Je te percerai, tu ne me perceras pas; je te connaîtrai, tu ne me connaîtras pas ». En fait, ils ne se connaissent pas! Cinq minutes d'entretien entre personnes indifférentes et clairvoyantes en révéleraient autant que cinq mois de ces relations entre aveugles ou aveuglés ! A dire vrai, j'estime que nos procédés à nous, nos enquêtes faites par nous, indifférents, et corroborées par celle de l'intéressé, offrent plus de garanties.

Donc, ces colons en partance pourront venir chez nous, consulter nos dossiers, et, mon Dieu ! quand ils se décideront, ils auront au moins autant de chances de bonheur que la plupart des fiancés métropolitains.

Voilà pour la première catégorie de nos « clients ». Voici pour la seconde.

Celle-ci comprend les colons fixés et séjournant dans la colonie. Pour beaucoup de raisons, ils ne peuvent pas revenir en France. Ils ont un établissement, ils ne se soucient pas de le quitter. Ils ne songent, d'ailleurs, pas à se marier ; ils en sentent bien l'utilité et la convenance, mais ils ne prendront pas sur eux la peine de chercher une femme, il faudra que l'occasion la mette sur leur route. Eh bien, pour ceux-là, ce sera nous l'occasion, ce sera nous la Providence. Nous amènerons chaque année dans la colonie qu'ils habitent un certain nombre de jeunes femmes, de jeunes filles, complices inconscientes de nos intentions et qui les réaliseront avec l'aide du temps.

Mais, je l'ai déjà dit et vais le redire encore, parce que cela est de capitale importance, ces jeunes filles, dont la destinée désormais sera peut-être d'épouser un de ces colons, nous ne souffrirons pas qu'elles partent avec ce seul projet en tête; le mariage peut être pour elles un aboutissement final, une conséquence lointaine et heureuse, mais, avant le mariage, il y a pour elles la nécessité de se créer une situation, pour nous la volonté de la leur procurer, et pour tous l'obligation de remplir avec conscience des engagements une fois pris.

Insistons donc sur ces situations et sur ces engagements.

De ces situations d'abord, en trouverons-nous dans nos colonies? Oui, dans toutes ou presque toutes, il y a un certain nombre de places qui doivent être occupées par des femmes : postes de gouvernantes, d'institutrices, situations de sages-femmes, de modistes, de couturières, etc....

Le gouvernement pourrait encore faciliter le mouvement en confiant à des femmes certains emplois pour lesquels elles sont d'avance désignées : télégraphistes, employées des postes (au moins dans les villes).

Il pourrait faire, il devrait faire encore davantage : il devrait s'arranger de manière que tous ses fonctionnaires eussent des appointements suffisants pour pouvoir se marier et amener avec eux leur femme et leurs enfants. Or, j'ai le regret de le dire, s'il y a des postes élevés qui permettent à des fonctionnaires de vivre largement avec leur famille, il en est malheureusement un certain nombre, même déjà haut placés dans la hiérarchie, qui ne sont pas assez rétribués pour permettre au fonctionnaire d'avoir sa famille près de lui.

J'ai reçu à cet égard une lettre que je vous demande la permission de vous lire :

« Un de nos meilleurs camarades, m'écrit un correspondant, désireux de se faire une situation aux colonies, fut nommé, il y a deux ans, employé à la direction de l'intérieur à... (par un sentiment que vous comprendrez, je vous demande la permission de taire le nom). Il partit plein d'espoir, laissant à Paris sa jeune et charmante femme qui attendait un bébé et qui avait le projet de le rejoindre quelques mois après. Depuis que notre ami est parti, les appointements des petits fonctionnaires ont été diminués par raison d'économie et le pauvre garçon s'est vu dans la nécessité de laisser son ménage à Paris où sa femme a dû prendre un emploi.

« Il est maintenant là-bas, tout seul, découragé, et privé d'une femme remarquablement intelligente qui voulait bien s'exiler avec son mari et que l'équilibre budgétaire retient en « France. »

C'est là un exemple (qu'on aurait tort toutefois de généraliser, ce serait tout à fait inexact et injuste) de fonctionnaires à qui leurs appointements ne permettent pas de vivre en famille.

Je tenais à signaler ce point : c'est rendre aux colonies un très grand service que de leur envoyer des fonctionnaires mariés. Je me rappelle, lorsque j'étais avec M. Paul Bert en Indo-Chine, lui avoir entendu, dans un discours public, tenir le langage suivant : « Je voudrais que tous les fonctionnaires qui viendront en Indo-Chine y vinssent avec leur famille; ceux qui viendront célibataires, je voudrais les aider à se marier, je voudrais être témoin à leur mariage et je m'engagerais d'avance à être le parrain de leurs enfants. » Derrière cette boutade, il y avait beaucoup de bon sens et de sagesse; M. Paul Bert avait, du reste, donné l'exemple, puisqu'il était parti en Indo-Chine emmenant avec lui toute sa famille, qui se composait de huit personnes.

Je crois donc qu'il convient d'inviter le gouvernement à relever un certain nombre de traitements pour permettre à tous ses fonctionnaires d'aller aux colonies avec leur famille. Si le gouvernement montrait quel prix il attache à voir les fonctionnaires des colonies se marier, et, étant mariés, se rendre dans les colonies avec leur famille, cela serait un puissant adjuvant au peuplement de nos colonies, non pas seulement par la présence de plus de familles, mais parce que ces familles, à leur tour, appelleraient plus de femmes aux colonies.

Voici, par exemple, un gouverneur général, un résident supérieur, un résident de première classe, un directeur des affaires civiles, un directeur des travaux publics, un général commandant en chef, un colonel, un chef d'état-major : tous, s'ils sont mariés, s'ils ont une famille, doivent être désireux de trouver dans les colonies des institutrices pouvant faire l'éducation de leurs enfants. Et voilà, du même coup, des situations offertes. Et, d'autre part, il est bien évident que toutes ces jeunes femmes établies dans les colonies doivent être désireuses de trouver à portée de la main certaines auxiliaires telles que couturières, modistes, gardes-malades, femmes de chambre; là encore, il y a un débouché pour nous.

C'est donc de ce côté qu'il faut chercher, dans cette direction qu'il faut s'orienter.

Ici nous quittons la métropole, nous pénétrons dans les colonies. Et de même que nous avons pris nos précautions pour n'envoyer dans les colonies que des jeunes femmes recommandables, de même nous en devons prendre pour assurer à ces jeunes femmes, qui quittent leur famille et leur patrie, la sécurité et la dignité de l'existence.

Je passe sous silence les mesures que nous aurons prises pour les amener de leur pays d'origine jusqu'au port d'embarquement, les recommandations vigilantes dont nous les aurons entourées sur le bateau, etc.... Mais il y a deux séries de mesures sur lesquelles il importe de nous expliquer. Comment nous renseignerons-nous sur les personnes chez qui nous placerons nos jeunes filles ? Comment leur procurerons-nous, à leur arrivée dans la colonie, un abri, un gîte, un chaperonnage ?

Eh bien, de même que nous aurons constitué dans nos départements des comités locaux pour nous renseigner sur la valeur des jeunes filles qui s'adressent à nous, de même nous aurons dans les colonies des personnes qui nous renseigneront sur le nombre possible de places et sur la valeur des personnes par qui elles sont offertes. Il est assuré que la place la plus avantageuse offerte à une jeune fille par une personne de moralité suspecte, nous ne penserions pas un instant à l'accepter.

De ces comités, nous en avons déjà à l'état embryonnaire : nous avons pris langue avec quelques-unes des personnes les plus honorables de chacune des colonies où nous comptons développer notre action. Nous n'attendons pour donner corps à ces premiers pourparlers que d'avoir effectivement fondé notre Société. Ces comités auront la charge de recevoir, de piloter, d'assister, de protéger, voire de surveiller les jeunes femmes que nous leur enverrons, de façon à leur éviter les ennuis les fatigues, les déboires, les périls inhérents à un premier séjour aux colonies.

Dans ces comités figurent des personnes de toutes les opinions, de toutes les confessions. Nos émigrantes sont-elles catholiques ? Là où il y aura des maisons tenues par les sœurs de Saint-Joseph de Cluny ou de Saint-Paul de Chartres, ou de tel autre ordre qui se rencontre aux colonies, nous tâcherons de leur procurer un asile chez ces religieuses. Sont-elles protestantes ? Chez le pasteur, ou chez telle personne désignée par lui. De ce chef, il y aura des questions d'argent à débattre ; ce sera affaire entre nos comités et nous. Il est évident que nous ne pouvons pas demander de pareils services gratuitement.

Voilà très sommairement exposé le fonctionnement de notre Société. Son rôle primordial, son rôle du premier plan, est de procurer des situations dans les colonies à des jeunes femmes ou jeunes filles de la métropole. Cela fait, elle ne leur doit plus rien ; c'est l'occasion qui travaillera pour elles ; ce sera à elles d'abord de garder la situation que nous leur aurons donnée, et plus tard, *quand elles se seront acquittées des engagements pris*, de conquérir, s'il y a eu lieu, le mari à proximité duquel nous les aurons placées. Cela, c'est le résultat secondaire, possible, probable même, mais en somme incertain.

Pour nous, toutefois, qui avons vécu aux colonies, la quantité d'incertain est réduite à bien peu de chose. Il y a dans la colonie 200, 300 célibataires qui mènent une vie dont à la fin ils se lassent, et qui ne demandent qu'à échanger ce que l'on appelle leur liberté contre un esclavage plus doux. Dès qu'auront débarqué quelques-unes de nos jeunes filles, immédiatement 300 paires d'yeux seront braquées sur elles. Tandis qu'en France elles sont, de par les mœurs et la vie, réduites à attendre et à subir le choix des hommes, là-bas, la proportion des nombres étant renversée, c'est elles qui ont en mains le droit de choisir. Leur valeur est, en fait, décuplée et leurs chances s'augmentent d'autant. Il ne se passera donc pas de longs mois avant que beaucoup ne soient sollicitées par des demandes honorables pour ceux qui les font et avantageuses pour celles à qui elles s'adressent. Sans doute, les contrats d'engagement signés par elles envers ceux qui les emploient retarderont quelque peu la conclusion de ces mariages, mais l'avenir sera assuré et la vie leur sera légère.

Un dernier mot. Dans quelles colonies pourrons-nous diriger nos futures émigrantes? Pas dans toutes incontestablement. La France compte actuellement 17 colonies réparties sous toutes les latitudes : il est certain que nous n'enverrons pas de jeunes femmes dans des colonies où leur santé peut être menacée. Mais notre empire colonial, d'ailleurs beaucoup plus salubre qu'on ne se le figure, comprend quatre ou cinq très belles colonies où l'Européen peut vivre et même se reproduire. C'est dans celles-là que nous enverrons nos futures émigrantes : en Algérie, en Tunisie, en Nouvelle-Calédonie, dans certaines parties du Tonkin et, dans un avenir rapproché, sur les hauts plateaux de Madagascar.

Comme, parmi ces colonies, il en est une qui a joui d'une mauvaise réputation au point de vue sanitaire, qu'après M. Paul Bert, M. Rousseau y est mort récemment, je dois vous donner quelques explications et vous fournir quelques chiffres. Le Tonkin est un pays relativement salubre; l'hiver, qui y est frais, rétablit les santés altérées. La population française y est allée s'augmentant d'année en année; des enfants y sont nés en assez grand nombre et l'on a enregistré peu de décès chez les mères et chez les nouveau-nés. Comme nous entrevoyons pour nos futures émigrantes la possibilité de se marier, il ne sera pas indifférent de faire connaître les statistiques suivantes :

ANNÉES	EUROPÉENS			
	POPULATION civile	FEMMES	NAISSANCES	DÉCÈS de la mère
1887	961	92	13	»
1888	1.030	105	31	1
1889	1.306	133	32	1
1890	1.520	260	30	»
1891	1 282	274	40	»
1892	1.544	316	50	2
1893	1.705	330	76	2
1894	1.010	416	92	»

Total : 6 décès des mères pour 334 naissances.
A Haïphong, 179 couches constatées, 3 décès de

mères, 1 en 1882, 2 en 1893; à Hanoï, 104 naissances constatées, pas un seul décès.

Dans ces cinq colonies (auxquelles, plus tard,
s'en joindront probablement d'autres, le Sénégal,
par exemple), nous n'enverrons au début que fort
peu de monde : 50, 60 jeunes femmes, au maximum. Mais à mesure qu'il se fixera plus de colons
dans ces colonies (et l'émigration des hommes se
développera rapidement), d'un pas parallèle se
développera l'émigration des femmes.

Quand ces chiffres se seront décuplés, centuplés,
arriverons-nous à fournir le contingent nécessaire?
On a, par exemple, fait le calcul très approximatif
de ce que pourront nourrir plus tard quelques-
unes de nos colonies. On estime que la Nouvelle-
Calédonie pourra nourrir 500 000 personnes; les
hauts plateaux de Madagascar peut-être 5 à 6 millions; l'Afrique du Nord, une dizaine. Mettons que
cela arrive dans cent, cent cinquante, deux cents
ans, si vous voulez; évidemment cela dépasse nos
prévisions les plus lointaines; mais enfin nous sommes obligés d'envisager l'avenir; une nation doit
prévoir et préparer, et est bien obligée de tenir
compte de choses qui se passeront dans un siècle
ou deux. Comment fera-t-on dans un siècle ou deux?

Bien habile et bien hardi qui ose prédire

l'avenir. Néanmoins, il est possible de supposer que le contingent d'émigration féminine sera à la hauteur de tous les besoins. L'exemple aidant, le courant étant amorcé, les conditions économiques de la métropole détermineront peut-être même l'exode d'une partie de la population ; l'opinion publique aura exigé et les pouvoirs publics auront pris des mesures.

Il est permis de croire qu'il se produira alors ce fait, qu'au lieu de préparer, dans nos écoles de tous degrés, des jeunes filles au rôle de maîtresses de piano, ou de peintres sur porcelaine, ou de fabricantes d'éventails, on préparera alors des femmes de colons. Pour moi, j'entrevois même comme prochain le jour où, par exemple, les écoles de la Légion d'honneur, dans lesquelles on élève actuellement les jeunes filles en vue de situations mondaines et sociales qu'elles n'atteignent pas toujours, j'entrevois très bien que Saint-Denis et Saint-Ouen donneront un enseignement moins distingué et plus pratique et deviendront des écoles de préparation à la vie coloniale.

Quand le premier courant sera amorcé, j'estime que nous rencontrerons beaucoup moins de difficultés, et, dès à présent, nous pouvons calculer l'effet de cette transformation sur nos mœurs et notre vie nationale.

Dans les colonies, ce sera une vie décente et digne; ce sera la fixité et le calme remplaçant la mobilité et l'agitation; au lieu de gens impatients du résultat, plantant leur tente, travaillant fiévreusement pour gagner de quoi retourner vivre en France, ce seront des ménages établis à demeure, travaillant avec ténacité, mais demandant la collaboration du temps, fondant des établissements qu'ils transmettront à leurs enfants, et n'envisageant pas le retour en France comme le couronnement nécessaire de leur vie. Quelle transformation et quelles causes de richesse et de bonheur!

Il y a un autre élément dont nous devons tenir compte et qui exercera sur les colonies une influence énorme : aussitôt que les Français ne sont plus sur la terre métropolitaine, la fécondité naturelle de leur race reparaît. Vous savez que les Franco-Canadiens, au nombre de 3 millions, sont les descendants des Normands, précisément de ces Normands qui voient, à l'heure actuelle, décroître si rapidement leur nombre. Vous savez de même, qu'en Algérie, dans cette Algérie peuplée en grande partie par des départements du sud de la France où la natalité diminue, l'élément français a plus d'enfants que les représentants de n'importe quelle autre nationalité, à l'exception des Espagnols. Dans nos familles françaises métropolitaines, le nombre des enfants est en moyenne de 2 et quelque chose; en Algérie, cette moyenne est de 4. Je dis donc que, dans nos colonies, la natalité aidant, la population française augmentera largement; peut-être arriverons-nous à fonder ces nouvelles Frances qu'avait entrevues Richelieu; et, qui sait! dans un siècle ou deux, peut-être faudra-t-il y créer des sociétés qui auront un but contraire à celui que nous poursuivons aujourd'hui et qui ramèneront dans la métropole la population surabondante des colonies.

De ce mouvement d'émigration et de peuplement peut encore sortir une autre conséquence qu'aucun Français ne saurait envisager avec indifférence : notre langue française se répandra dans le monde; les pays les plus lointains s'imprégneront du génie de notre pays; nous pourrons lutter, encore avec désavantage, mais déjà avec plus de chances qu'aujourd'hui, contre ce grand envahissement de l'anglais, de l'allemand, du russe, même de l'espagnol.

Les colonies nous serviront d'immenses champs d'expérience où de magnifiques et d'utiles essais pourront être tentés; c'est ainsi que les colonies australiennes ont été, à plus d'un égard, un champ d'expérience pour les Anglais.

Et enfin, pour nous comme pour nos rivaux, les colonies seront de véritables écoles d'héroïsme. Voyez ce qui, dernièrement, s'est passé au Cap. Nous parlons avec mépris et avec colère d'un Jameson et d'un Cécil Rhodes. Et, au point de vue moral, il est asssuré que ces gens-là sont des flibustiers et des forbans, mais il faut avouer qu'il y a en eux des réserves extraordinaires de vie, d'énergie ; et l'on comprend, malgré tout, qu'en Angleterre, même après les condamnations qui ont pu les frapper, le peuple les acclame, parce qu'il voit en eux des représentants, à certains égards éminents, du formidable génie anglais. De pareils hommes n'auraient pu vivre et s'épanouir dans la métropole; il a fallu, pour que cette puissance et cette énergie se pussent donner libre carrière, la vie large des colonies. En retour, le spectacle des choses, contestables au point de vue moral, mais puissantes et impressionnantes qu'ils ont tentées et accomplies, retentit sur l'opinion de la métropole et entretient dans les générations grandissantes le goût de l'aventure, l'esprit d'initiative et l'héroïsme.

Et chez nous aussi les colonies sont une école d'héroïsme. N'avons-nous pas eu un Jean Dupuis pour nous donner le Tonkin ; un Bonvalot qui, abandonnant la vie facile offerte en France, passe plusieurs années en Asie et repart demain en Abyssinie ? Et tant d'autres qui ont agrandi sur la carte le domaine de notre pays et dans le monde son renom ! Ces hommes nous donnent des exemples d'énergie, et leur histoire recueillie et racontée partout façonne le cerveau et le cœur de nos enfants. Ils nous préparent ainsi des réserves inestimables de vie et d'activité ; ce sont de tels hommes qui gardent à la France sa place dans le monde : des générations, anémiées dans la douceur de la vie métropolitaine, seraient peut-être incapables de la lui conserver.

Je tiens à ajouter que la colonisation, peut-être seule, nous offre un terrain commun où toutes les discordes doivent s'apaiser. Je me souviens d'avoir, il y a longtemps déjà, entendu des hommes politiques déclarer que les fonctionnaires de nos colonies ne sauraient être choisis au concours, parce qu'au concours ils arrivent en vertu de leurs mérites et qu'on pourrait être forcé de confier même des fonctions politiques à des hommes que leur convictions ne rattacheraient pas au gouvernement actuel de leur pays. Cette opinion semblait assez raisonnable. Est-ce qu'on irait nommer préfet un ami fidèle des régimes déchus ?

Au fond, cette opinion était erronée. Ceux qui ont vécu aux colonies savent que là-bas il ne subsiste aucune divergence politique ou religieuse, que l'on ne s'y préoccupe que d'une chose, la grandeur du pays natal, et qu'après avoir, le long de la route qui d'Europe mène à nos plus lointaines possessions, vu flotter, partout où l'on fait escale, le drapeau anglais, on n'a plus qu'un seul désir : faire qu'un jour, dans ces régions, le drapeau français soit le rival heureux du drapeau anglais. Au lieu de s'émietter et de se perdre dans des discordes ridicules, on n'a plus que l'unique souci de la gloire et de la grandeur de la France.

TABLE DES MATIÈRES

31761. — Imprimerie Lahure, rue de Fleurus, 9, Paris.